BEI GRIN MACHT SICH I
WISSEN BEZAHLT

- Wir veröffentlichen Ihre Hausarbeit,
  Bachelor- und Masterarbeit

- Ihr eigenes eBook und Buch -
  weltweit in allen wichtigen Shops

- Verdienen Sie an jedem Verkauf

Jetzt bei www.GRIN.com hochladen
und kostenlos publizieren

Julia Hoffmann

Der klassische Bildungsbegriff Humboldts und der moderne Bildungsbegriff Klafkis. Ein Vergleich

GRIN Verlag

Bibliografische Information der Deutschen Nationalbibliothek:

Die Deutsche Bibliothek verzeichnet diese Publikation in der Deutschen National-
bibliografie; detaillierte bibliografische Daten sind im Internet über http://dnb.d-
nb.de/ abrufbar.

Impressum:

Copyright © 2008 GRIN Verlag GmbH
Druck und Bindung: Books on Demand GmbH, Norderstedt Germany
ISBN: 978-3-656-63981-7

Dieses Buch bei GRIN:

http://www.grin.com/de/e-book/272328/der-klassische-bildungsbegriff-humboldts-
und-der-moderne-bildungsbegriff

GRIN - Your knowledge has value

Der GRIN Verlag publiziert seit 1998 wissenschaftliche Arbeiten von Studenten, Hochschullehrern und anderen Akademikern als eBook und gedrucktes Buch. Die Verlagswebsite www.grin.com ist die ideale Plattform zur Veröffentlichung von Hausarbeiten, Abschlussarbeiten, wissenschaftlichen Aufsätzen, Dissertationen und Fachbüchern.

Besuchen Sie uns im Internet:

http://www.grin.com/

http://www.facebook.com/grincom

http://www.twitter.com/grin_com

Ein Vergleich zwischen dem klassischen Bildungsbegriff Humboldts und dem modernen Bildungsbegriff Klafkis

Inhaltsverzeichnis

1. Einleitung

Diese Hausarbeit beschäftigt sich mit dem Vergleich des klassischen Bildungsbegriffs Humboldts und des modernen Bildungsbegriffs Klafkis. Um einen Vergleich anstellen zu können, wird zunächst der Bildungsbegriff Humboldts in Kapitel 2 herausgearbeitet. Hierzu wurde der Text „Theorie der Bildung des Menschen" dahingehend analysiert. Die Analyse beginnt mit der Kritik Humboldts an dem vorherrschenden Bildungsbegriff und beinhaltet daraus resultierende Forderungen Humboldts. Weiterhin wird sowohl das Bildungsziel als auch der Weg zur Erreichung dieses Ziels beschrieben und herausgestellt.

Kapitel 3 beinhaltet eine schriftliche Darstellung des modernen Bildungsbegriffs nach Klafki in Bezug auf Klafkis „Zweite Studie" aus dem Buch „Neue Studien zur Bildungstheorie und Didaktik". Hierzu wurden Unterkapitel gebildet, die verschiedene Aspekte bezüglich des modernen Bildungsbegriffs enthalten. „Zur Problemgeschichte" beschreibt sowohl die geschichtliche Entstehung des Bildungsbegriffs, als auch sein Fortschreiten, welches auch immer das derzeitige Bildungsverständnis mit einschließt. „Die Allgemeinbildung" enthält verschiedene Punkte, anhand derer zu schlussfolgern ist, was Allgemeinbildung nach Klafki meint. Das nächste Unterkapitel beschäftigt sich mit den Schlüsselproblemen des Bildungsbegriffs. Anknüpfend werden Schwerpunkte erläutert, die diskutiert und verändert werden müssen, um den Schlüsselproblemen schon auf diese Weis entgegentreten zu können.

Der Vergleich in Kapitel 4 stellt dann die beiden Bildungsbegriffe gegenüber und erläutert deren Auswirkungen sowohl auf den einzelnen Menschen als auch auf die Gesellschaft bzw. die Menschheit.

Abschließend werden die Ergebnisse kurz in der Schlussbemerkung zusammengefasst und in Bezug zum aktuellen Stand des Bildungswesens gesetzt. Hierzu wird auch auf die neueste Entwicklung des Bildungswesens, die Ganztagsschule, eingegangen.

2. Bildungsbegriff Humboldt

2.1 Theorie der Bildung des Menschen

Der Text „Theorie der Bildung des Menschen" von Wilhelm von Humboldt ist aus dem Jahr 1793 und wurde in zwei Textteile gegliedert. Der erste Teil besteht aus sieben Abschnitten, die nun erklärt und interpretiert werden.

Schon zu Beginn des ersten Abschnittes weist Humboldt die Richtung seiner Ausführung und nennt klare Kritik und Zielvorstellung. Humboldts primäres Ziel ist die „Ausbildung der Menschheit als ein Ganzes", die unter ganz bestimmten Bedingungen erreicht werden kann. Nur durch die Entwicklung von Fähigkeiten, die dazu anleiten, „die verschiedenen Fächer der menschlichen Erkenntnis" zu erweitern und diese miteinander zu verbinden, kann ein Ganzes gebildet werden. Diese Forderung entsteht dadurch, dass Humboldt der Ansicht ist, der Mensch kenne „seine eigentliche Natur" nicht und sei deshalb nicht in der Lage seinen Tätigkeitsbereich zu überschauen. Er beklagt somit, dass es dem Menschen nicht mehr möglich ist, über „höhere Standpunkte" und „allgemeinere Uebersicht" zu verfügen, um einzelne „Fächer" jeweils einzeln und später in einem Zusammenhang auszuüben. Obwohl man annehmen könnte, dass Humboldt für eine allumfassende Bildung, im wahrsten Sinne des Wortes plädiert, ist dies nicht richtig. Denn die Bildung in allen „Fächern" würde nur dazu führen, dass der Mensch sich nicht mehr entscheiden könnte. Daher meint Humboldt mit der angestrebten Überschaubarkeit nicht die Bildung des Menschen in allen „Fächern", sondern die allgemeine, nützliche Bildung des Menschen.

Im zweiten Abschnitt wird deutlich, dass Humboldt den modernen Menschen betrachtet, der seine Bestimmung nun nicht mehr aus der Gesellschaft oder sich selbst entwickeln kann. Dieser Mensch hat eine „Natur", die nach „innerer Verbesserung und Veredlung" strebt. Um dies zu erreichen, benötigt er eine Welt um sich. Der Mensch versucht nun mit dieser Welt eine Vereinigung herbeizuführen, also „Welt zu seyn". Dies wird von Humboldt „NichtMensch" genannt und ist nur möglich, da der Mensch Fähigkeiten des Denkens, des Handelns, des Sich Vorstellens und des Bearbeitens besitzt. Aus diesem Grund ist der Mensch auch das einzige Lebewesen, das an seiner Bestimmung arbeiten kann, da nur der Mensch von seiner Welt weiß. Humboldt sagt hier, dass der Mensch seine Bestimmung selber suchen und finden muss.

In dem dritten und vierten Abschnitt geht Humboldt näher darauf ein. Der Mensch hat weiterhin die Aufgabe den „Begriff der Menschheit" in sich selbst auszumachen und ihn immer wieder an die nächste Generation weiterzugeben. Aber nur durch „die Verknüpfung unsres Ichs mit der Welt" kommt es zu einer Wechselwirkung, die dem Menschen den „Begriff der Menschheit" zu realisieren hilft. Der Mensch (das Subjekt) besitzt die Fähigkeiten des Denkens, Verstehens, Handelns und Bearbeitens. Der NichtMensch (das Objekt, die Welt) veranlasst den Menschen dazu, seine Fähigkeiten zu verwenden und dadurch in Wechselwirkung zur Welt zu treten, indem der Mensch sie bearbeitet. Somit erzielt er durch diese Wechselwirkung, die nach Humboldt als Verknüpfung, nicht, wie vielleicht anzunehmen, als Entgegensetzung von Mensch und NichtMensch, verstanden werden soll, eine Veränderung. Diese Veränderung soll sich darin zeigen, dass „der Begriff der Menschheit in unsrer Person" realisiert worden ist, der sich zu einem Fortschritt über Generationen hinweg ausdehnen soll. Deutend kann man schlussfolgern, dass nicht nur die Bildung des einzelnen Menschen notwendig ist, sondern die Bildung der gesamten Menschheit. Dieser Prozess ist für ihn „das wahre Streben des menschlichen Geistes", wie in Abschnitt vier beschrieben.

Das Einwirken des Menschen auf die Welt, um so zur menschlichen Bestimmung zu gelangen, wird in den Abschnitten fünf und sechs näher erläutert. Demnach stellt er die Forderung danach, dass der Mensch durch seine Fähigkeit zu denken und seinem Geist, der Welt sein „Gepräge [...] aufdrücken" muss. Jeder Mensch soll auf die Welt einwirken, denn sonst bleibt nur ein „ohnmächtiger Versuch" und als solcher „vergänglicher [...] als das Daseyn der Pflanze", womit die Selbstbestimmung des Menschen verloren wäre. Der Mensch muss sich seine Selbstbestimmung selber erarbeiten, indem er die Welt kennen lernt und auf sie einwirkt. Eine „vollkommene Einheit und durchgängige Wechselwirkung" liegt in dem Menschen verankert, so dass er dieses nur anwenden muss. Humboldt verwendet den Begriff der „Entfremdung", um darauf aufmerksam zu machen, dass der Mensch die Welt um sich zunächst als etwas fremdes wahrnimmt. Erst durch die dann angewandte Wechselwirkung entsteht die Rückkehr aus der Entfremdung, durch die „das erhellende Licht und die wohlthätige Wärme" erzeugt wird, damit es dann in unser „Inneres zurückstrale".

Der letzte Abschnitt verdeutlicht nochmals, dass die Wechselwirkung mit der Welt absolut notwendig ist, damit der Mensch zur Selbstbestimmung gelangen kann und die Bildung der gesamten Menschheit möglich wird.

Der zweite Textteil der „Theorie der Bildung des Menschen" besteht aus vier Abschnitten. Im ersten Abschnitt spricht Humboldt von dem „Mittelpunkt, zu dem alles, was eigentlich auf uns einwirken soll nothwendig gelangen muss". Zu diesem Mittelpunkt gelangt der Mensch, indem er die „mannigfaltigen Arten menschlicher Thätigkeit" miteinander vergleicht. Von diesem Mittelpunkt aus, kann der Mensch dann ein genaues Bild seiner Tätigkeit im Zusammenhang mit seiner „inneren Bildung" gewinnen. Der unüberschaubare Kreis der Fähigkeiten, die ein Mensch betrachten könnte, wird damit enger und bezieht sich nur noch auf das Geschäft des jeweiligen Menschen. Der Mensch erkennt, wie sich seine beruflichen Fähigkeiten auf seine Persönlichkeit und umgekehrt die Persönlichkeit auf die beruflichen Fähigkeiten auswirken kann.

Mit dieser Wechselwirkung geht Humboldt in den zweiten Abschnitt diese Textteils über. In diesem Abschnitt macht er deutlich, dass der Mensch dahin strebt seine „ganze Bildung" zu vollenden. Dies schafft er nur, indem er seinem Geschäft „eine eigene und neue Ansicht der Welt und dadurch eine eigene und neue Stimmung seiner selbst" gibt. Seine vollendete Bildung kann der Mensch dann in seinen Werken zum Ausdruck bringen. Humboldt erwähnt hier das Beispiel eines Bildners, der nicht nur einfach ein Bildnis Gottes darstellt, sondern „die Fülle seiner plastischen Einbildungskraft" in dem Bildnis ausdrückt. Welches Mittel ein Mensch wählt, um seine „Geistesstimmung" auszudrücken, bleibt ihm überlassen, denn es gibt eine große Anzahl an Mitteln.

Im dritten Abschnitt geht Humboldt auf die Verschiedenheit der Menschen ein und auf die Veränderungen, die sich Laufe der Zeit ergeben haben und auch weiterhin ergeben werden. Diese Verschiedenheit muss zum Ausdruck gebracht werden, wobei niemand übergangen werden darf. Würde eine Gestalt geschaffen in der die vollständige Individualität und der ganze Einfluß, den ihr Zeitalter und ihre Nation auf sie ausgeübt hat deutlich wird, könnte man an dieser „die mannigfaltigen Arten, wie jedes einzelne Fach bearbeitet werden kann" wieder erkennen. Man könnte diese dann immer wieder mit den neuen Veränderungen, die sich ergeben vergleichen und dadurch den Fortschritt in einzelnen Fächern erkennen.

Im letzten Abschnitt sagt Humboldt noch einmal deutlich, dass man „dies schrittweise verfolgen und im ganzen überschauen" muss, damit die Bildung der Menschen „durch ein regelmäßiges Fortschreiten Dauer gewinnt". Die Weitergabe von Generation zu Generation und die regelmäßige Überprüfung des Wissensstandes werden also noch einmal betont.

3. Bildungsbegriff Klafki

3.1 Zur Problemgeschichte

Der Bildungsbegriff hat eine enorme geschichtliche Entwicklung durchlebt. Er entstand im Zeitraum von 1770 bis 1830. Vertreten und entwickelt wurde er von diversen Denkern wie z.B. Lessing, Kant, Goethe, Schiller und Pestalozzi. Zu dieser Zeit besaß die Bildung jedes Menschen keinen großen Stellenwert in Staat und Gesellschaft, so dass der Bildungsbegriff entwickelt wurde, um auf die Missstände dieser Zeit aufmerksam zu machen. Die verschiedenen Denker wurden von Klafki in den Bereich der philosophisch – pädagogischen Klassik eingeordnet, so dass der Bildungsbegriff diesbezüglich konkrete philosophisch – pädagogische Bedeutungsmomente enthielt.

Hierzu gehört die humanistische Ansicht, dass nicht nur jeder Mensch das Recht auf Bildung besitzt, sondern auch ein Recht darauf hat, Bildung zu erlangen. Dies bedeutet, dass für jeden Menschen, der sich bilden möchte auch Möglichkeiten geschaffen werden müssen, um dieses Recht realisieren zu können. Des weiteren enthält dieser Bildungsbegriff das gemeinsame gesellschaftliche Miteinander. Es wird hierbei die Ansicht vertreten jeder Mensch besäße so viel Vernunft, um Möglichkeiten zur Kommunikation zu entwickeln. Die Kommunikation fördert die Erweiterung der Humanisierung, die dadurch zur gemeinsamen Gestaltung von Lebensbedingungen und Politik führt. Diese gemeinsame Gestaltung der gesellschaftlichen Ordnung hält für jeden Menschen eine Vergrößerung der eigenen Freiheit bereit, so dass eine Gesellschaft entstehen kann, in der jeder mitbestimmen und sich einbringen kann. Natürlich übt der Bildungsbegriff starke Kritik an hierarchisch – herrschaftlich gegliederte, gesellschaftliche Umstände dieser Zeit.

Seit Mitte des 19. Jahrhunderts zeichnete sich ein neues Bildungsverständnis ab, das allerdings scheiterte. Hierbei wurde der gesellschaftlich – politische Aspekt durch ein unpolitisches Verständnis von Bildung ersetzt. Der Verfall ereignete sich dann, als sich das unpolitische Verständnis von Bildung nicht durchsetzen konnte und somit gesellschaftlich – politische Verhältnisse dominierten. Dies geschah aber in einer verschärften Form, die eingesetzt wurde, um Bildung als Mittel zur absoluten Sicherung von Herrschaftsverhältnissen zu benutzen. Bildung galt nur noch dazu, die Abgrenzungen der sozialen Schichten deutlicher hervorheben zu lassen. Nur wohlhabende Menschen konnten sich bilden und taten dies auch, um ihre vorherrschende Machtstellung weiterhin zu sichern.

3.2 Die Allgemeinbildung

Um den Begriff der Allgemeinbildung deutlicher zu umreißen, beginnt Klafki mit einer Auseinandersetzung von Bildung und Gesellschaft. Hierbei geht es darum, in welchem Verhältnis Bildung und Gesellschaft zueinander stehen. Die These „Bildungsfragen sind Gesellschaftsfragen" (S. 49) veranlasst ihn zu einer Darstellung von zwei verschiedenen

Auslegungen. Die erste Auslegung beinhaltet, dass Bildung in unmittelbarer Anknüpfung an die Gesellschaft zu verstehen ist. Demnach haben Bildungstheorie und Bildungspraxis die Aufgabe, sich den gesellschaftlichen Anforderungen und Entwicklungen anzupassen. Diese Auslegung schließt natürlich mit ein, dass Bildungstheorie und Bildungspraxis in völliger Abhängigkeit zur Gesellschaft stehen. In diesem Zusammenhang beschreibt Klafki das Auftreten von pädagogischer Theorie und pädagogischer Praxis „als nachgeordnete Instanzen, als reaktive gesellschaftliche Subsysteme" (S. 50). Klafki distanziert sich von dieser Ansicht und nennt die zweite Auslegung, der oben genannten These, die sich mit seiner Sichtweise besser vereinbaren lässt. Demzufolge stehen pädagogische Theorie und pädagogische Praxis nicht nur in Abhängigkeit zu der Gesellschaft. Diese Ansicht beinhaltet, dass die Gesellschaft immer von Menschen gemacht wird, die natürlich nie gleich, sondern als individuelle Persönlichkeiten zu sehen sind. Ihre Individualität zeichnet sich durch verschiedene Interessen, Meinungen, Verhaltensweisen und Ansichten aus. Daher ist die Gesellschaft ein Gemisch aus verschiedenen menschlichen Gruppierungen. Da aber jeder einzelne Mensch neben seiner individuellen Persönlichkeit auch in der Lage ist, selbstständig zu denken und zu handeln, und somit immer wieder auf die gesellschaftliche Entwicklung einwirkt, ist die Gesellschaft absolut wandel – und veränderbar. Aus diesem Grund haben sowohl die pädagogische Theorie als auch die pädagogische Praxis zwar die Aufgabe sich mittels Wahrnehmung und Reaktion an die gesellschaftliche Entwicklung anzupassen, aber auch zu beurteilen und mitzugestalten.

Im Hinblick auf den Begriff der Allgemeinbildung werden weiterhin von Klafki drei Grundfähigkeiten formuliert, die der einzelne Mensch durch Bildung erlangen sollte. Als erste Fähigkeit wird die Selbstbestimmung des Menschen genannt. Der Mensch sollte die Möglichkeiten haben über die Inhalte seines Lebens selbst zu bestimmen. Hierzu gehören Entscheidungen bezüglich zwischenmenschlicher Beziehungen, Beruf und religiöser Zugehörigkeit. Natürlich wird hier auch die Ausbildung der eigenen Meinung und der eigenen Ansichten einbezogen, was Klafki „Sinndeutungen" (S. 52) nennt. Des weiteren ist die Mitbestimmungsfähigkeit von großer Wichtigkeit. Da jeder Mensch einen Teil der Gesellschaft ausmacht, hat jeder Mensch auch das Recht auf gesellschaftliche Prozesse einzuwirken und mitzubestimmen zu können. Der Anspruch auf Mitbestimmung innerhalb der Gesellschaft rechtfertigt sich aber nur dann, wenn auch Solidarität miteingebunden wird. Der einzelne Mensch muss fähig sein für diejenigen Stärke zu zeigen bzw. sich mit denjenigen zu verbünden, die keine Möglichkeiten dazu haben ein selbstbestimmtes und mitbestimmendes Leben zu führen.

In Bezug auf das Mitbestimmungs – und Solidaritätsprinzip stellt Klafki zudem ein Bedeutungsmoment von Allgemeinbildung vor. Allgemeinbildung muss verschiedene Aufgaben ausführen, damit ein Mitbestimmungs – und Solidaritätsprinzip funktionieren kann. Hierzu gehören Frage – und Problemstellungen, die sich mit der Gegenwart aller Menschen und deren Zukunft beschäftigen. Zudem ergaben sich aus der geschichtlichen Entwicklungen diverse Denkstrukturen und Lösungsansätze, deren Inhalt unbedingt zum Bereich der Allgemeinbildung gehört. Dieses Bedeutungsmoment weist verschiedene Bereiche auf, die zu den „Grunddimensionen menschlicher Interessen und Fähigkeiten" (S. 54) zusammengefasst wurden. Zu diesen „Grunddimensionen" (S. 54) zählen die Bildung des eigenen Körpers, die Bildung der „kognitiven Möglichkeiten" (S. 54) und die Bildung in dem Bereich der handwerklich – technischen als auch der hauswirtschaftlichen Fähigkeiten. Die Ausbildung von Fähigkeiten bezüglich des Umgangs mit Menschen als auch bezüglich des Aufbaus von Beziehungen gehört ebenfalls zu den Dimensionen. Menschen sollten sich weiterhin klar werden über ihre „Wahrnehmungs -, Gestaltungs – und Urteilsfähigkeiten" (S. 54). Schließlich sollten Menschen über ihre Fähigkeiten des Einwirkens auf gesellschaftliche Abläufe wissen, um Entscheidungen treffen zu können und handlungsfähig zu werden. Das letzte Bildungsmoment bezieht sich ebenfalls auf das Selbstbestimmungsprinzip des Menschen. Bildung muss vorhanden sein, damit sich die Selbstbestimmung des Menschen entwickeln kann. Zudem ist Bildung ein Teil unserer Demokratie. Demnach ist festzustellen. dass die Allgemeinbildung eine „Bildung für alle" (S. 53) zu sein hat. Da aber gerade diese Feststellung nicht der Realität entspricht und es deshalb eine hohe Chancenungleichheit in Bezug auf die Entwicklung menschlicher Fähigkeiten gibt, muss nach Klafki sowohl inhaltliche als auch organisatorische Veränderungen im Bereich der Bildung angestrebt werden. Er greift hierbei auf die Forderungen der Bildungsreformansätze der sechziger und siebziger Jahre zurück. Die Reformbewegung der sechziger und siebziger Jahre forderte den Stop von Selektionselementen im Bildungswesen. Des weiteren setzte sich die Bewegung für die definitive Einführung einer zehnjährigen Schulpflicht ein. Der Besuch der Grundschule soll von vier Jahren auf sechs Jahre verlängert werden bzw. an den Anschluss der vierjährigen Grundschulzeit soll eine Orientierungsstufe stehen, die sich auf die Förderung von Schülern konzentriert. Die verschiedenen Schulformen sollten sich auch bemühen einen inhaltlich übereinstimmenden Unterricht einzuführen.

Bildung im Sinne der Allgemeinbildung beinhaltet somit nach Klafki sowohl inhaltliche als auch organisatorische Aspekte. Der Mensch muss darin unterstützt werden, verschiedene Fähigkeiten auszubilden, die es ihm ermöglichen die Gesellschaft kontinuierlich zu verbessern. Hierzu gehören Fähigkeiten wie Selbstbestimmung, Mitbestimmungsrecht, Solidarität und die Ausbildung und Erreichung der verschiedenen „Grunddimensionen" (S. 54) nach Klafki. Gleichzeitig müssen Aufgaben und Probleme der Gegenwart, Erfahrungen der vergangenen Geschichte sowie die Möglichkeiten und Konsequenzen für die Zukunft diskutiert, erarbeitet und vermittelt werden, um die momentane Situation des Menschen als gesellschaftliches Wesen zu verdeutlichen. Diese Verdeutlichung könnte Auswirkungen auf Entscheidungs – und Handlungsprozesse haben. Da aber das Verhältnis von pädagogischer Theorie, pädagogischer Praxis und Gesellschaft zeigt, dass Bildungstheorie und Bildungspraxis die gesellschaftlichen Prozesse mitgestalten und auf sie einwirken können, wäre dies nur eine logische Schlussfolgerung. Weil Bildung für jeden Menschen in einer Demokratie ein Grundrecht darstellt, dies aber nicht entsprechend eingehalten wird, nennt Klafki zum Schluss noch einige organisatorische Veränderungen, die durchgeführt werden müssten, um den Begriff der Allgemeinbildung als solchen rechtfertigen zu können.

3.3 Die Schlüsselprobleme

Die fünfte Grundbestimmung, die laut Klafki für einen „zeitgemäßen und zukunftsorientierten Bildungsbegriff" (S. 49) notwendig ist, knüpft an die dritte Grundbestimmung an. Bei der „Bildung im Medium des Allgemeinen" (S. 56) muss man sich vor allem auf die „epochaltypischen Schlüsselprobleme" (S. 56) konzentrieren. Dieser Punkt wird von Klafki sehr ausführlich behandelt. Der historische Hintergrund für diese Grundbestimmung ist das sogenannte „Kanonproblem" (S. 56). Schon seit längerer Zeit wird immer wieder nach Kulturinhalten gesucht, die den Kern der Allgemeinbildung ausmachen sollen. Diese Kulturinhalte, die sich zusammensetzten aus Erkenntnissen der Wissenschaft, Kunst, Geschichte, ethischer Lebensgestaltung und Reflexion, wurden dann auf die jeweilige Verständnisebene von Kindern, Jugendlichen oder Erwachsenen gebracht. Klafki aber ist der Meinung, dass man das Kanonproblem neu überdenken muss. Früher ging es hauptsächlichen um die klassischen Leistungen, welche die Menschen in den einzelnen Themengebieten erbracht hatten. Klafki stellt nun aber die These auf, dass die Inhalte eher die Probleme der Gegenwart behandeln sollten. Natürlich müssen diese vor dem Hintergrund der historischen Erkenntnisse der Menschen betrachtet werden, denn nur so können auch Einsichten für die Zukunft gewonnen werden. Klafki zählt im weiteren Verlauf fünf Schlüsselprobleme auf, die seiner Meinung nach von großer Bedeutung in unserer gegenwärtigen und auch zukünftigen Situation sind.

Als erstes Schlüsselproblem wird von Klafki die „Friedensfrage" (S. 56) genannt. Es gab zwar schon die Chance für einen Abrüstungsprozeß, doch die Zerstörungskraft der ABC- Waffen und vor allem der Golfkrieg haben für Klafki bewiesen, dass der Weltfrieden noch sehr weit entfernt ist. Im Unterricht müsste die Friedensfrage anhand von zwei „Faktorenkomplexen" (S. 57) erörtert werden. Für den ersten Faktorenkomplex gibt es zwei Hauptelemente. Zum einen die „makrosoziologischen und makropolitischen Ursachen der Friedensgefährdung bzw. von Kriegen" (S. 57) und zum anderen die „gruppen- und massenpsychologischen Ursachen aktueller oder potentieller Friedlosigkeit" (S. 57). Hierbei muss man allerdings aufpassen, dass die individuelle Aggressivität von der Aggressivität, die in einer ganzen Gruppe auftritt, unterschieden wird. Natürlich ist auch das friedvolle Miteinander zwischen zwei Menschen sehr wichtig und sollte erlernt werden, doch erreicht man damit nicht die Dimension, die Friedensgefährdung bzw. Kriegsbereitschaft mit sich bringt. Der zweite Faktorenkomplex, der im Zusammenhang mit dem Schlüsselproblem der Friedensfrage behandelt werden muss, nachdem man sich mit dem ersten Faktorenkomplex auseinander gesetzt hat, ist die Frage „ob es moralische Rechtfertigungen für Kriege gibt" (S. 57). Die Geschichte hat gezeigt, dass es schon verschiedene Versuche der Rechtfertigung gegeben hat, wie z.B. den „Bestrafungskrieg" (S. 58). Doch müsste nun reflektiert werden, ob die vorher festgesetzten Ziele, die dieser Krieg verfolgen wollte, auch tatsächlich erreicht wurden und ob nicht vielleicht sogar wesentlich mehr zerstört wurde, als eigentlich geplant war.

Das zweite Schlüsselproblem, dass Klafki in seinen Ausführungen benennt, ist die „Umweltfrage" (S. 58). Bei dieser Frage spielen sowohl die Erhaltung und Zerstörung der Umweltressourcen, sowie auch die Entwicklung der wissenschaftlichen Technologie eine Rolle. Da sich die Gesellschaften immer weiter technisieren und industrialisieren, ist diese Frage auch sehr wichtig für die Zukunft. Klafki hat drei Stufen entwickelt, welche die Bildungsarbeit behandeln sollte. Als erstes sollte ein Problembewußtsein entwickelt werden. Dabei sollten die beiden Hauptfolgen der industriellen und technischen Entwicklung, das Aufbrauchen von Umweltressourcen und die Zerstörung der Umwelt, deutlich gemacht werden. Als nächste Stufe ist es wichtig, zu der Einsicht zu kommen, dass energiesparende und umweltschonende Techniken entwickelt werden müssen. Die letzte Stufe ist nach Klafki auch noch die Einsicht, dass es notwendig ist, die Entwicklung zu kontrollieren. Dies sollte durch öffentliche Diskussionen, aber auch durch Kontrollinstanzen geschehen.

Durch das dritte Schlüsselproblem, das Klafki anspricht, soll im Grunde einfach ausgedrückt Toleranz vermittelt werden. Es soll eine „multikulturelle Erziehung" (S. 59) erfolgen, da sehr viele Ungleichheiten innerhalb unserer und auch anderer Gesellschaften bestehen. Klafki sieht

Ungleichheiten vor allem zwischen sozialen Klassen und Schichten, Männern und Frauen, behinderten und nicht- behinderten Menschen, Menschen, die einen Arbeitsplatz haben und Arbeitslosen, Ausländern und Einheimischen in einem Land und natürlich geht es auch um die sozialen und wirtschaftlichen Ungleichheiten zwischen verschiedenen Ländern.

Das vierte Schlüsselproblem sind „die Gefahren und die Möglichkeiten der neuen technischen Steuerungs-, Informations- und Kommunikationsmedien" (S. 59). Durch sie werden Arbeitsplätze vernichtet, die Ansprüche an eine Qualifizierung steigen und auch die zwischenmenschliche Kommunikation wird gefährdet. Es muss daher eine kritische Grundbildung im Umgang mit diese Medien geben. Die Betonung liegt hier auf dem Wort „kritisch", da die Menschen vor allem auf die möglichen Folgen, die eine Nutzung dieser Medien mit sich bringen kann, hingewiesen werden sollen. Auch ein möglicher Mißbrauch dieser Medien darf dabei nicht außer Acht gelassen werden.

Die „Ich- Du- Beziehung" (S. 60) ist nach Klafki ein fünftes Schlüsselproblem. Hierbei soll der Einzelne im Umgang mit Liebe und Sexualität betrachtet werden. Ein Mensch befindet sich immer zwischen dem Wunsch nach seinem persönlichen Glück und der Verantwortung für den Anderen in einem Spannungsverhältnis. Wie genau dieses Thema im Rahmen der Bildungsarbeit behandelt werden soll, wird von Klafki an dieser Stelle nicht näher erläutert.

Obwohl Klafki seine Beispiele für epochaltypische Schlüsselprobleme nach dem Problem der Ich- Du- Beziehung abbricht, macht er deutlich, dass es noch sehr viele weitere gibt. Allerdings nicht beliebig viele, denn sie müssen schon eine Bedeutung für die gesamte Gesellschaft haben, möglichst auch global gesehen, und trotzdem den Einzelnen zentral betreffen. Diese Probleme können sich zukünftig allerdings auch verändern, daher sind sie nur epochaltypisch. Als nächstes spricht Klafki über die Lösungswege, die man zu den Schlüsselproblemen finden muss. Es ist nicht wichtig, dass es einen perfekten Lösungsweg gibt, den man den Menschen dann beibringen kann, sondern es ist viel mehr wichtig, den Menschen zu erklären, wie die Entstehung eines Lösungsweges funktioniert. Meist gibt es viele verschiedene Antworten auf ein Problem und man muss erkennen lernen, welche Interessengruppen sich hinter den Antworten verbergen. Sie könnten ökonomisch, gesellschaftlich oder politisch sein, aber auch klassen-, schichten- oder generationsspezifisch. Nicht immer können alle aufkommende Lösungsvorschläge für ein Problem gleichwertig behandelt werden, sondern es muss darauf geachtet werden, welcher der Vorschläge am sinnvollsten für alle potentiell Betroffenen wäre. Die Fähigkeit, dies ausreichend zu reflektieren, sollte ein Mensch durch die Bildungsarbeit bekommen. Dies setzt allerdings voraus, dass die Lehrenden erkennen, dass sie den Lernenden gegenüber bloß einen sehr geringen Vorsprung haben. Auch sie müssen immer wieder über die Probleme und ihre Lösungswege reflektieren und wären daher im gewissen Sinne „Mit- Lernende" (S 62).

Klafki fasst an dieser Stelle noch einmal kurz zusammen, was Allgemeinbildung vor dem Hintergrund der Schlüsselprobleme leisten sollte. Die Menschen sollen ein „differenziertes Problembewußtsein" (S. 62) bekommen, sie sollen „Selbstbestimmungsfähigkeit" (S. 62) entwickeln und lernen „Kontroversen rational auszutragen" (S. 62).

Ein weiter Aspekt von Klafkis Allgemeinbildungskonzept ist „die Aneignung von Einstellungen und Fähigkeiten" (S. 63). Klafki nennt insgesamt vier solcher Einstellungen und Fähigkeiten, die es zu erlernen gilt.

Die erste dieser Fähigkeiten ist die „Kritikbereitschaft" (S. 63). Sie schließt auch gleichzeitig die Fähigkeit zur Selbstkritik mit ein. Kritikbereitschaft bedeutet, dass man eigene und fremde Positionen genau hinterfragt, um dadurch einen „akzeptierten oder selbstentwickelten Standpunkt" (S. 63) zu bekommen. Um kritikfähig zu sein, muss man sich natürlich vorher mit den Inhalten eines Problems und den verschiedenen Positionen dazu eingehend befasst haben. Nur dann ist man in der Lage, diese kritisch zu betrachten, seinen eigenen Standpunkt zu bilden und diesen auch argumentativ vertreten zu können.

Die „Argumentationsbereitschaft" (S. 63) ist daher die zweite wichtige Fähigkeit, die es laut Klafki zu erlernen gilt. Hierbei ist es wichtig, einem Gesprächspartner seine eigene Position so deutlich wie möglich zu machen, damit dieser nun wieder in der Lage ist, diese Position für sich kritisch zu hinterfragen. Dadurch wird dann auch ein gemeinsamer „Erkenntnisfortschritt" (S. 63) möglich, bei dem sich auch der eigene Standpunkt, durch die kritische Auseinandersetzung mit dem Gesprächspartner, wieder verändern kann. Dies wäre durch die Selbstkritik möglich.

Die dritte zu erlernende Fähigkeit ist die „Empathie" (S. 63). Empathie bedeutet, sich in die Lage eines anderen zu versetzen und die Dinge von seinem Standpunkt aus zu betrachten. Hierbei hört man sich nicht nur die Argumente eines Gesprächspartner an, sondern versetzt sich auch emotional in ihn hinein.

Die vierte und letzte Fähigkeit bezeichnet Klafki als „vernetzendes Denken" (S. 63) oder „Zusammenhangsdenken" (S. 63). Dies bedeutet, dass all die Verflechtungen die es innerhalb einer Gesellschaft, aber auch zwischen verschiedenen Gesellschaften und sogar der gesamten Welt gibt, in das Blickfeld des Einzelnen gelangen müssen. Dazu gehören sowohl die politischen, technischen, als auch die sozialen und ökonomischen Aspekte, die in einer Wechselwirkung zueinander bestehen. Klafki meint, dass durch den Anspruch, diese

Fähigkeit zu erlernen, Ideen wie „fächerübergreifender Unterricht" (S. 64), ein ganz neues Gewicht bekommen.

Zum Abschluß seiner fünften Grundbestimmung, der „Bildung im Medium des Allgemeinen", erläutert Klafki noch zwei weitere „praktische Konsequenzen" (S. 66). Der erste Vorschlag den Klafki macht, ist der „Epochalunterricht" (S. 66). Hierbei geht es darum, den 45- Minuten Takt in Schulen abzuschaffen. Auch eine Zusammenlegung von zwei Schulstunden zu einer Doppelstunde ist für Klafki nur ein sinnvoller Zwischenschritt. Am Besten wäre Epochalunterricht, was bedeuten würde, an allen Schultagen, in mindestens zwei Zeitstunden „Problemunterricht" (S.66) zu machen. Problemunterricht vereinigt verschiedene Fächer und betrachtet Probleme, die behandelt werden müssen, daher unter ganz verschiedenen Gesichtspunkten. Für diesen Problemunterricht müssten die Lehrkräfte an den Schulen natürlich entsprechend ausgebildet werden, was am sinnvollsten in „Lehrerteams" (S. 67) geschehen sollte. Dies ist die zweite Konsequenz, die sich neben dem Epochalunterricht durch die Konzentration auf Schlüsselprobleme ergibt.

Für den Problemunterricht gibt es vier Prinzipien, die miteinander verschränkt werden müssen. Das erste Prinzip ist das „exemplarische Lehren und Lernen" (S. 67). Hierbei geht es darum, dass die Schülerinnen und Schüler an einigen Beispielen, die in ihren Erfahrungsbereich liegen, lernen sollen, Prinzipien, Gesetzmäßigkeiten und Zusammenhänge zu erkennen. Erst danach wird „orientierender" Unterricht sinnvoll, der mit den folgenden drei Prinzipien noch näher erläutert wird.

Das „methodenorientierte Lernen" (S. 68) ist das zweite Prinzip, dass Klafki für Problemunterricht für wichtig hält. Es bedeutet, dass erlernt werden soll, wie man „Verfahrensweisen des Lernens und Erkennens" (S. 68) in „praktische Konsequenzen" (S. 68) umsetzt.

Als drittes Prinzip nennt Klafki den „handlungsorientierten Unterricht" (S. 68), der auch „praktisches Lernen" (S. 68) genannt wird. Bei dieser Art von Unterricht stehen Erkundungen und Befragungen innerhalb und außerhalb der Schule, sowie der aktive Einsatz von Medien im Vordergrund. Die Schülerinnen und Schüler sollen selbst etwas tun können. Dadurch, so meint Klafki, würde auch der oft beklagte „Motivationsschwund" (S. 68) gemindert werden.

Das vierte und letzte Prinzip ist die „Verbindung von sachbezogenem und sozialem Lernen" (S. 68). Dabei gibt es verschiedene Aufgaben und Möglichkeiten wie z.B. das kooperierende Lernen in Partner- und Kleingruppen, das Erlernen von rationalen Formen der Konfliktbewältigung und auch die Fähigkeit, sich in große Gruppen mit Anregungen, Kritik und Argumentationsbeiträgen einzubringen.

In seiner sechsten Grundbestimmung behandelt Klafki die „Interessen- und Fähigkeitsentwicklung" (S. 69) als „polare Ergänzung zur Konzentration auf Schlüsselprobleme" (S. 69). Klafki ergänzt mit dieser Grundbestimmung seine Erläuterungen zu den Schlüsselproblemen, indem er sagt, dass sich Allgemeinbildung nicht ausschließlich auf diese stützen darf. Junge Menschen könnten durch die Überforderung, die eine so vielseitige Betrachtung von weltbewegenden Problemen mit sich bringt, in ihrer Sicht eingeschränkt werden. Die Allgemeinbildung muss also durch eine weitere Bildungsdimension ergänzt werden. Diese Bildungsdimension sollte auf die „Mehrdimensionalität menschlicher Aktivität und Rezeptivität" (S. 69) abzielen. Es geht hierbei also vereinfacht gesagt, um die individuellen kognitiven, emotionalen, sozialen, praktischen und technischen Fähigkeiten eines Menschen. Die Schule sollte daher auch Möglichkeiten bieten, individuelle Interessenschwerpunkte zu bilden und in einem zweiten Schritt dann auch auf einen späteren Beruf vorbereiten. Da allerdings klar ist, dass in den vielen Bereichen, die in der Schule abgedeckt werden sollen immer nur ein exemplarischer Zugang möglich ist, ist es vor allem wichtig, den Schülerinnen und Schülern „das Lernen zu lernen" (S. 70) beizubringen. Dieses ermöglicht ihnen dann, sich die immer schneller wandelnden Erkenntnisse und Anforderungen selbst anzueignen. Dafür müssen sie allerdings auch offen sein, da es sonst unmöglich ist das bisher erlangte wissen in Frage zu stellen. Es gibt laut Klafki noch zwei weitere Voraussetzungen, die erfüllt sein müssen, um erfolgreich lebenslang lernen zu können. Das eine ist die Bildung von „Grundkategorien" (S. 71). In diese Grundkategorien kann an gelerntes einordnen und hat dadurch einen Leitfaden, an dem man sich orientieren kann. Die dritte Voraussetzung ist das Erlernen von „Wegen und Verfahren" (S. 71) wie man an neue Informationen kommt. Dazu gehören sowohl die Benutzung eines Lexikons, sowie auch die Benutzung von Bibliotheken, Medien oder selbstverständlich das Gespräch mit anderen Menschen.

Abschließend erwähnt Klafki an diesem Punkt noch einmal, wie wichtig es ist, alle Aspekte des Lernens miteinander zu verknüpfen. Sowohl die kognitiven, sozialen, handwerklichen und auch technischen Anforderungen müssen in Verbindung mit den naturwissenschaftlichen und technologischen Gesetzmäßigkeiten gebracht werden. Dabei ist die Reflexion ein wichtiges Element Die persönliche Identität muss mit den politischen, ökonomischen und gesellschaftlichen Rahmenbedingungen in Einklang gebracht werden.

3.4 Die Schwerpunktbildungen

In seiner siebten Grundbestimmung geht Klafki nun auf die konkrete Lehrplangestaltung ein. Dabei spricht er als erstes über die Schulpflicht, die seiner Meinung nach erweitert werden sollte. Diese sollte zunächst auf 10 Jahre ausgedehnt werden. Des weiteren ist es wichtig, dass auch in der Sekundarstufe II noch allgemeinbildender Unterricht statt findet. Das sollte an allen Schulen und auch in allen Bildungsgängen -ob berufsbezogen oder nicht- der Fall sein. Es würde dadurch vermieden werden, dass die Schülerinnen und Schüler zu einseitig denken, weil sie zu wenig Auswahlmöglichkeiten kennen gelernt haben. Neben dem Problemunterricht, in dem die Schlüsselprobleme behandelt werden, sollte es also auch so etwas wie ein „Wahlpflicht- Angebot" (S. 73) geben und die Möglichkeit für die Schülerinnen und Schüler individuelle Schwerpunkte zu setzen. Klafki ist darüber hinaus der Meinung, dass die Oberstufe, also die Sekundarstufe II die Grundlagen für eine „Mehrfachqualifikation" (S. 73) bieten sollte. Dadurch haben die Schülerinnen und Schüler dann mehrere berufliche Auswahlmöglichkeiten und sind nicht so festgelegt. Die Basis dafür sollte natürlich in der Sekundarstufe I schon gelegt worden sein. Durch einen solchen Lehrplan würden zum einen die Spannungen zwischen gemeinsamen Zielen, Inhalten und Fähigkeiten und der individuellen Spezialisierung gemindert, zum zweiten würde die Trennung von Allgemein- und Berufsbildung aufgehoben und drittens gäbe es keine Scheidung von theoretischer und praktischer Bildung mehr.

In seiner achten Grundbestimmung nimmt Klafki Stellung zu „instrumentellen Kenntnissen, Fähigkeiten und Fertigkeiten" (S. 74). Zu diesen Kenntnissen und Fähigkeiten gehören für ihn unter anderem Lesen, Schreiben, sachlich treffendes und kommunikativ verständliches Sprechen, grundlegendes Rechnen und auch handwerkliche Grundfertigkeiten. Ebenso aber Tugenden wie z.B. Selbstdisziplin, Konzentrationsfähigkeit, Anstrengungsbereitschaft und Rücksichtnahme. Diese Fähigkeiten müssen von einem Allgemeinbildungskonzept unbedingt eingeschlossen werden, dürfen jedoch nicht als Voraussetzung und damit losgelöst von den Inhalten der Allgemeinbildung betrachtet werden.

In der neunten und letzten Grundbestimmung, die Klafki für sein neues Allgemeinbildungskonzept aufgestellt hat, geht es um den „Leistungsbegriff" (S.75). Dieser muss laut Klafki vollkommen neu überdacht werden, wenn die Schule in seinem Sinne umgestellt wird. Für den neuen Leistungsbegriff stellt Klafki drei Bedingungen auf.

Der Leistungsbegriff war bisher immer sehr „ergebnisorientiert bzw. produktorientiert" (S. 76). Dies muss sich als erstes dahin gehend verändern, dass der Leistungsbegriff erweitert wird. Man muss sich mehr auf die Leistung „in einem dynamischen Sinne" (S. 76) konzentrieren. Dies soll bedeuten, dass auch Prozesse, wie Kommunikation im Unterricht, Entwicklung einer Argumentation oder der Vorgang bei einem mathematisch-naturwissenschaftlichen Problem berücksichtigt werden müssen und in die Zensur mit einfließen sollen.

Der zweite Schritt zu einem neuen Leistungsbegriff bezieht sich auf das Verständnis von Leistung, das sehr „individualistisch und wettbewerbs- bzw. konkurrenzorientiert" (S. 76) ist. Der Leistungsbegriff sollte sich allerdings besser an der Problemlösungsfähigkeit einer Gruppe und an deren Solidarität orientieren. Die individuelle Leistung könnte dann am Beitrag des Einzelnen an der gemeinsamen Aufgabe der ganzen Gruppe gemessen werden und auch am Beitrag des Einzelnen zum Lernfortschritt der anderen Gruppenmitglieder. Dabei würden die Schülerinnen und Schüler auch üben können, Kritik zu üben und Impulse für eine gemeinsame Lösungsfindung zu geben. Es gäbe also einen viel höheren kognitiven Anspruch an die Schülerinnen und Schüler, wenn ihre Leistung nach diesen Kriterien beurteilt werden würde.

Der dritte und letzte Anspruch an den Leistungsbegriff ist mehr „prozeßorientiert" (S. 76) zu sein. Die Leistungsbeurteilung sollte nicht mehr am Ende eines längeren Zeitraums stehen und damit so etwas wie eine „Endabrechnung" (S. 76) für die Schülerinnen und Schüler sein. Die Leistungsbeurteilung sollte immer mal wieder zwischendurch geschehen, um den Schülerinnen und Schülern zu zeigen wo sie gerade stehen und ob sie weiter gekommen sind oder nicht.

Mit diesen letzten Überlegungen zum Leistungsbegriff geht Klafki im Grunde noch einmal auf ein grundlegendes Problem, das „Problem der Gerechtigkeit" (S. 77) ein. Man muss sich fragen, ob es gerecht ist Kinder von Beginn ihrer Schulzeit an zu benoten und zu bewerten. Denn eigentlich sollte die Schule doch erst einmal die Lernfähigkeit eines jeden Kindes fördern, damit das Grundrecht aller Menschen, das Recht auf Bildung, gesichert ist. Nur wenn dies geschieht, kann von Gerechtigkeit gesprochen werden.

4. Der Vergleich

Der direkte Vergleich der Forderungen und Ansichten zum Thema Bildung zwischen Humboldt und Klafki zeigt, dass es viele Übereinstimmungen und gleiche Gedankengänge gibt. Klafki beschreibt die Gesellschaft als ein wandelbares Gefüge, das durch Einwirken des Einzelnen verändert werden kann. Demzufolge hat auch Bildung bzw. pädagogische Theorie und Praxis die Möglichkeit, gesellschaftliche Prozesse mitzugestalten. Humboldt sieht dies ähnlich. Die Gesellschaft, und somit die Welt außerhalb des Menschen, wird von ihm als „NichtMensch" bezeichnet. Der „NichtMensch" hat dahingehend eine große Bedeutung für den Menschen, da der Mensch in Wechselwirkung zum „NichtMensch" treten muss. Mensch und Gesellschaft wirken demnach gegenseitig aufeinander ein und beeinflussen sich. Natürlich impliziert diese Ansicht auch, dass der Mensch in der Lage sein muss, die Welt, die Gesellschaft, mitzugestalten. Klafki und Humboldt sind somit einer Meinung, dass nicht nur der Mensch von der Gesellschaft abhängig ist, sondern der Mensch die Gesellschaft macht, die wiederum wechselseitig den Menschen beeinflusst.

Nach Klafki muss der Mensch durch Bildung die Fähigkeit zur Selbstbestimmung entwickeln. Der Mensch muss die Fähigkeit zur Autonomie ausbilden, um sein Leben in dem Maße auszugestalten, wie er es möchte. Die Ausbildung von Autonomie hat auch in Humboldts Theorie einen großen Stellenwert. Durch die Wechselwirkung zwischen Mensch und Welt, kann der Mensch Autonomie ausbilden bzw. er begreift, was es heißt, Mensch zu sein, mit all seinen Möglichkeiten. Nur dann wird Humboldts Forderung nach einer generationsübergreifenden Bildung, also einer Bildung der gesamten Menschheit, erfüllt. Der Aspekt der Bildung der gesamten Menschheit durch generationsübergreifende Weitergabe der Bildung, kommt auch in Klafkis „Grunddimensionen menschlicher Interessen und Fähigkeiten" (S. 54) ansatzweise auf. Demnach müssen Menschen nicht nur im Bereich der Gegenwart und Zukunft gebildet werden, sondern auch im Bereich der Vergangenheit. Diese beinhaltet natürlich sowohl positive als auch negative Erfahrungen jeglicher Art, die zur Ausbildung von den Selbstbestimmungs -, Mitbestimmungs – und Solidaritätsprinzipien verhelfen sollen. Menschen sollen somit alte Fehler nicht wiederholen und an Lösungs – bzw. Denkansätzen neuen Anstoß finden, diese weiterzuführen. In gewisser Weise bezieht sich dies auf die generationsübergreifende Weitergage von Bildung.

Weiterhin wird die Ausbildung der Mitbestimmungsfähigkeit von Humboldt dahingehend vertreten, dass der Mensch diese Fähigkeit benötigt, um auf den „NichtMensch" einzuwirken und ihn bearbeiten zu können. Ohne das Wissen um das Recht zur Mitbestimmung bzw. der praktischen Umsetzung von Mitbestimmung, wäre ein Einwirken und eine Beeinflussung der Welt nicht möglich.

Klafkis Ausführungen zur Allgemeinbildung des Menschen beinhalten somit wesentliche Elemente aus Humboldts Theorie. Allerdings ist zu bemerken, dass Humboldts Gedanken ausschließlich um die wechselseitige Beziehung von Mensch und Welt kreisen. In seiner Theorie meint die Bildung des Menschen eine Vereinigung von Mensch und Welt, also „Welt zu seyn", um so durch wechselseitige Beeinflussung nicht nur die Bildung jedes Menschen, sondern auch die generationsübergreifende Weitergabe der Bildung zu erreichen. Natürlich nimmt Klafki diesen Aspekt immer wieder auf, aber in seiner Ausführung sind zudem große Bemühungen bezüglich der inhaltlichen und organisatorischen Bedeutung des Begriffs Allgemeinbildung erkennbar. Er versucht, den Begriff der Allgemeinbildung mit einer inhaltlichen und organisatorischen Struktur zu versehen, nicht nur bezüglich des bloßen Begriffs, sondern auch in Bezug auf die praktische Umsetzung von Allgemeinbildung in unserer Gesellschaft.

Klafki ist der Meinung, man müsste sich im Unterricht bei der Allgemeinbildung auf sogenannte „Schlüsselprobleme" (S. 56) konzentrieren. Um für diese Probleme Lösungen zu finden, sollten auch die Versuche, die in der Vergangenheit unternommen wurden, überprüft und reflektiert werden. In gewissem Sinne sieht Humboldt dies ähnlich, da auch er der Meinung ist, dass man sich immer wieder an den Erkenntnissen aus der Vergangenheit orientieren soll, um auf einen neuen Wissensstand zu gelangen. Humboldt meint jedoch, dass die Menschen sich im Endeffekt auf gewisse Fähigkeiten und eine berufliche Tätigkeit beschränken sollten, während Klafki der Ansicht ist, dass Schülerinnen und Schülern im „Problemunterricht" (S. 66) mit allen Fächern konfrontiert und „fächerübergreifend" unterrichtet werden sollten. Klafki findet zudem auch, dass in der Sekundarstufe II die Schülerinnen und Schüler berufliche Fähigkeiten erlangen sollten. Diese sollten sich jedoch keineswegs auf einen Beruf beschränken, sondern mindestens zwei oder sogar mehr mit einbeziehen. Während Humboldt der Ansicht ist, dass die Menschen dadurch den Überblick verlieren würden, findet Klafki, dass junge Menschen genügend Auswahlmöglichkeiten haben müssen, damit ihr Denken nicht zu einseitig wird.

Klafki selbst kritisiert in seinem Text zum neuen Allgemeinbildungskonzept, die „schematische Trennung von Allgemeinbildung und Berufsbildung" (S. 74), wie Humboldt sie in seiner Theorie vertreten hat. Klafki ist der Meinung, dass man dies gar nicht trennen kann und die beruflichen und allgemeinen Bildungsinhalte miteinander verknüpft werden müssen.

Klafki geht bei seinem Vorschlag eines neuen Allgemeinbildungskonzept auch sehr stark auf die praktische Umsetzung, der von ihm gemachten Vorschläge ein. Er erläutert sowohl wie ein Stundenplan aussehen müsste, also auch, wie der Leistungsbegriff angepasst werden müsste. Auf solche konkreten Umsetzungsvorschläge geht Humboldt in seiner „Theorie zur Bildung des Menschen" gar nicht ein. Deshalb ist es in diesen Punkten auch nicht möglich einen Vergleich zwischen Humboldt und Klafki zu ziehen.

Humboldt sagt auch nichts über die „instrumentellen Fähigkeiten" (S. 74), wie Lesen und Schreiben aus, während Klafki seinen Standpunkt zum Stellenwert dieser Fähigkeiten deutlich macht und dies auch für so wichtig hält, dass dieser Punkt eine seiner neun Grundbestimmungen ausmacht.

Abschließend kann man sagen, dass viele der Ansätze Humboldts sich noch heute in dem Konzept von Klafki wieder spiegeln. Es gibt allerdings auch einige Unterschiede und Abweichungen, die sehr deutlich zu erkennen sind. Klafkis Konzept ist auch mehr auf eine praktische Umsetzung bedacht, während Humboldt in seinen Ausführungen eher theoretisch bleibt.

5. Schlussbemerkung

Humboldt beschreibt die Bildung des Menschen als Wechselwirkung zwischen Mensch und Welt, wobei die daraus entstehende Bildung an die nächsten Generationen weitergegeben werden muss, um die gesamte Menschheit bilden zu können. Somit resultiert die Bildung aus einer ständigen Verbindung des Menschen mit der Gesellschaft und der Welt. Humboldt beschreibt den Prozess der Bildung des Menschen nur sehr oberflächlich, da er nur Teilaspekte erörtert. Konkrete schulische Aspekte in Bezug auf Organisationsstrukturen und Unterrichtsinhalten werden in seinem Text nicht behandelt. Dieser Text lässt somit die Schlussfolgerung zu, dass der klassische Bildungsbegriff durchaus die Beziehung von Mensch und Welt berücksichtigt als auch die generationsübergreifende Weitergabe von Wissen und Erfahrungen als Bildungselemente, aber es leider auch darauf beruhen lässt.

Klafkis Ausführungen zum modernen Bildungsbegriff enthalten hingegen detaillierte organisations – und inhaltsspezifische Forderungen. Der moderne Bildungsbegriff nach Klafki wurde verstärkt in die Diskussion um die Errichtung von Ganztagsschulen in Deutschland mitaufgenommen. Im speziellen war das Auftreten diverser gesellschaftlicher und politischer Bildungsproblematiken, die von Klafki als Schlüsselprobleme erörtert wurden, für die momentane Entwicklungsphase der Ganztagsschulen verantwortlich. Um auf die gegenwärtige gesellschaftliche und politische Situation einzugehen und Verbesserungen zu erwirken, einigten sich Bund und Länder am 12. Mai 2003 auf das Investitionsprogramm „Zukunft, Bildung und Betreuung". Hierbei wird den Ländern bis zum Jahr 2007 4 Mrd. Euro für den Auf – und Ausbau von Ganztagsschulen zur Verfügung gestellt. In Nordrhein – Westfalen sollen bis 2007 200.000 Plätze an Ganztagsschulen eingerichtet worden sein. Damit dies realisiert werden kann, gibt es für das Land NRW die höchste Kostenbewilligung aller Bundesländer von 914 Mio. Euro bis 2007. Demnach erhält das Land jährlich einen Betrag von 160 Mio. Euro. Klafkis Schlüsselprobleme werden in die Gestaltung der Ganztagsschule aufgenommen und bewältigt. Die Ganztagsschulen fördern und fordern den ganzen Menschen. Die soziale Einbindung der Kinder wird in der Ganztagsschule als sehr wichtig betrachtet. Die Kinder helfen sich gegenseitig, so dass das Gespür für andere Kinder wächst und Gemeinschaftsgefühle aufgebaut werden können. Weiterhin wird der soziale Kontakt gestärkt, was zu einem angenehmen sozialen Schulklima führt. Aggressionen werden vermehrt bei den Freizeitangeboten abgebaut. Neben sportlichen Betätigungen, können die Kinder ihren Frust und ihre Aggressionen in Arbeitsgemeinschaften, wie z.b. Kunst – oder Werkgruppen abbauen. Aufgrund der flexiblen Unterrichtsplanung, erreicht durch das Aufbrechen des 45 – Minuten – Taktes, ist es möglich musische Angebote sowie zusätzliche Sprachangebote zu schaffen. Während das Kind experimentiert, wird es von pädagogischem Personal betreut, unterstützt und beobachtet. Bei einer Beobachtung können Talente und besondere Begabungen festgestellt und frühzeitig gefördert werden. Bei dem Angebot von Aufarbeitungsgruppen, sind besonders Kinder von Migranten im Vorteil. Sie haben hier die Möglichkeit, Schwächen in der deutschen Sprache zu verbessern. Gruppenarbeiten fördern die Fähigkeit zum Teamwork und das Gemeinschafts – und Zugehörigkeitsgefühl. Gruppenarbeiten werden sowohl im traditionellen Unterricht, als auch bei Projekten und Experimenten eingesetzt, die wiederum in Ganztagsschulen besser umgesetzt werden können, da es sich hier um eine zeitintensivere Form des Unterrichts handelt. In der Ganztagsschule haben Kinder mehr Zeit zum selbstständigen Lernen, zu Nachfragen, für eigene Ideen und gemeinsame Aktivitäten und zur Übernahme von Verantwortung. Das Verantwortungsgefühl wird durch die Förderung von demokratischem Denken, in der Schülerselbstverwaltung, gestärkt. Die Schule wird zur Lebensstätte und zum Ort der Gemeinsamkeit. Diverse Schlüsselprobleme, die Klafki aufgearbeitet hat, werden mit der Errichtung von Ganztagsschulen gelöst. Vielleicht funktioniert dies nicht sofort, aber die Auseinandersetzung mit diesen Problemen bewirkt zumindest verschiedene Lösungsansätze, von denen sicherlich einige auf Dauer zum Erfolg führen.

Literaturverzeichnis

Klafki, Wolfgang: Neue Studien zur Bildungstheorie und Didaktik. Zeitgemäße
    Allgemeinbildung und kritisch – konstruktive Didaktik. Weinheim und Basel: Beltz
    Verlag 1985.

von Humboldt, Wilhelm: Theorie der Bildung des Menschen. Bruchstück 1793. In: Reader
    Texte zum Neuhumanismus. S. 47 – 50.

Lightning Source UK Ltd.
Milton Keynes UK
UKHW011226210319
339599UK00001B/218/P